German Picture Dictionary \

English to German

Author/Translator/Editor: Nik Marcel 2015

A Bilingual (Dual-Language) Book

2Language Books

German Picture Dictionary Vol.1

English to German

ISBN-13: 978-1511952712
ISBN-10: 1511952717

2Language Books
(A Bilingual Dual-Language Project)

Editor's Note:

The dual-language text has been arranged for quick and easy cross-referencing. The text can be used on its own. However, the content is ideal for reinforcing the basics, and as a precursor to studying grammar or more advanced bilingual editions.

Volume 1 in this series provides the language learner with a broad exposure to basic words and concepts, using visual queues to support understanding and retention. This picture dictionary takes the unconventional approach of including adjectives, verbs, adverbs and prepositions, not just nouns. In doing so, visual queues become a way to progress much deeper into the foreign language.

Once a student has studied the basics, the Picture Dictionary can be a helpful language building resource. The suggestion is to progress through the dictionary as you would a normal book, rather than try and use it as a reference text. The dictionary provides the basis for a language learner to make an easy and fruitful transition to more advanced bilingual texts.

(A Dual-Language Book Project)
2Language Books

Foreword:

A word may feature in a pictorial context, or a picture may depict something strongly associated with a particular word. With this is mind, the suggestion is to first read through the picture book focusing on your native language. Certain aspects of each picture will be emphasised, and these visual queues can then be linked to the foreign words — as you start focusing on the language you want to learn.

The dictionary is not intended to be used as a reference book. The idea is to start building a solid foundation of words in the foreign language by simply reading through the book. With a solid foundation, language competency can develop. Many basic noun words and roots feature in other word types — for example, in a verb, adverb, or adjective. Also, the meanings behind basic words are readily transferred from the physical or literal to the conceptual or figurative domain. We have a branch of a tree and a branch of a business. Similarly, we have a path between the trees and a path to freedom. We also juggle physical balls, mathematical figures, and ideas or concepts. Basic words are abundantly used figuratively in metaphors and analogies. An example of the process of extension can be seen with the word 'head'. The head is at the top of the body. A stick figure of a person standing erect is like a nail or pin. Hence, by extension we get the head of a nail or pin. By further extension we get the head of a table or family.

While in many cases a picture or part of a picture is a direct reflection of a word, this is not always the case. Languages are not so rigid as to permit this in anything other than an entirely simplistic endeavour. The idea is to get a general sense of the meaning of words by developing loose rather than rigid associations.

In studying the content of this book, you will develop an association between a familiar word, a picture, and a foreign word. Then, when you see or hear this foreign word in context — in a sentence, a paragraph, a story, a conversation etc. —, you develop a more specific understanding of its meaning and its application or use. Hence, a general and loose association developed through adopting an open-minded approach to learning fosters a refined, concrete understanding. If you see a word in quite a few different scenarios or contexts, and understand its application, you develop a certain mastery of the foreign word. You develop the ability to understand and apply a certain word in its varied contexts according to its different meanings.

Table of Contents

Picture Dictionary: English to German

A…..

abduct (v.)

entführen

above (prep.)

über

abroad (adv.)

im Ausland

abseil (v.)

abseilen

absurd (adj.)

absurd, unsinnig

abyss

der Abgrund

accident

der Unfall

achieve (v.)

erreichen, erzielen, erlangen

acid

die Säure

acrobat

der Akrobat, die Akrobatin

act, perform (v.)

handeln

addicted, hooked (adj.)

süchtig

address

die Adresse, die Anschrift

adventure

das Abenteuer

aggressive (adj.)

aggressiv, angriffslustig

agree (v.)

zustimmen

agriculture

die Landwirtschaft

aim

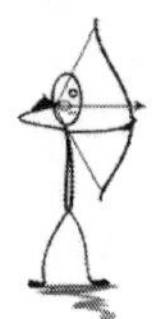

das Ziel

air conditioner

die Klimaanlage

airliner

das Verkehrsflugzeug

airplane

das Flugzeug

airport

der Flughafen

aisle

der Gang

alarm

der Alarm

alarm clock

der Wecker

alcohol

der Alkohol

alcoholic

der Alkoholiker, die Alkoholikerin

alert (adj.)

aufgeweckt, wachsam

alien

der/die Außerirdische

alligator

der Alligator

alone (adj.)

allein

ambulance

der Krankenwagen, der Rettungswagen

ambush

der Hinterhalt

amused (adj.)

amüsiert

amusement park, fun park

der Vergnügungspark

ancestor

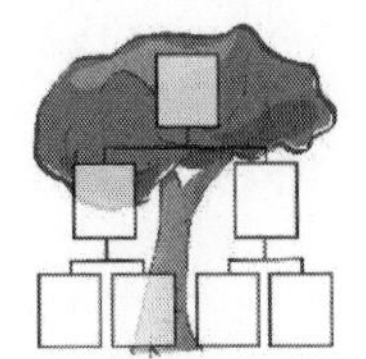

der Vorfahr

anchor

der Anker

anchovy

die Sardelle

angel

der Engel

angle

der Winkel

angler

der Angler

angry (adj.)

böse, wütend

annoyed (adj.)

verärgert

anonymous (adj.)

anonym

ant

die Ameise

antenna

die Antenne

antique

die Antiquität

antique (adj.)

antik

anvil

der Amboss

apartment, flat

die Wohnung

ape

der Affe

appetizer

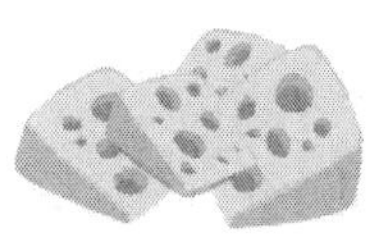

der Appetitanreger, die Vorspeise

applause

der Applaus

apple

der Apfel

approach (v.)

sich nähern

approve (v.)

genehmigen

apricot

die Aprikose

apron

die Schürze

arch

der Bogen

archer

der Bogenschütze

archery

das Bogenschießen

argument

die Auseinandersetzung, der Streit

arm

der Arm

armed (adj.)

bewaffnet

army

die Armee

arrow

der Pfeil

arson

die Brandstiftung

art

die Kunst

artery

die Arterie

artist

der Künstler, die Künstlerin

ashamed (adj.)

beschämt

ashtray

der Aschenbecher

asleep (adj.)

schlafend

assassin

der Attentäter

asteroid

der Asteroid

athlete

der Athlet, die Athletin, der Sportler, die Sportlerin

athletics

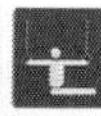

die Leichtathletik, der Sport

ATM

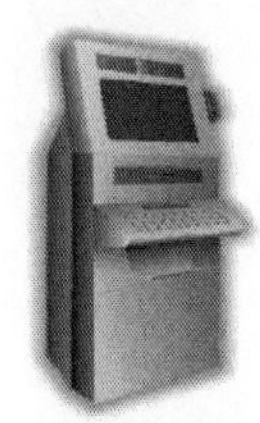

der Geldautomat

atom

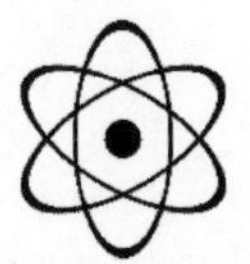

das Atom

attack

der Angriff

attack (v.)

angreifen

attraction

die Attraktion

audience

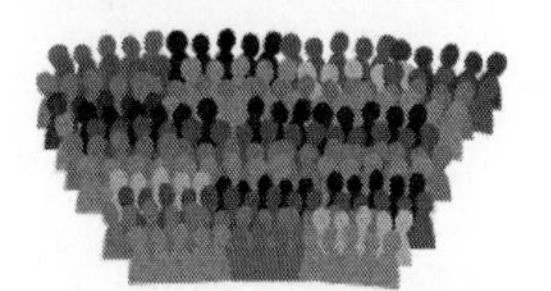

das Publikum

autumn

der Herbst

avocado

die Avocado

awkward (adj.)

ungeschickt

axe

die Axt

B…..

baby

das Baby, der Säugling

back (adv.)

zurück

backpack

der Rucksack

bacon

der Speck

bad (adj.)

schlecht

bag

die Tasche

bait

der Köder

balance

das Gleichgewicht

balcony

der Balkon

bald (adj.)

kahl

balloon

der Ballon

bamboo

der Bambus

banana

die Banane

bandage

der Verband

Band-Aid

das Pflaster

bang

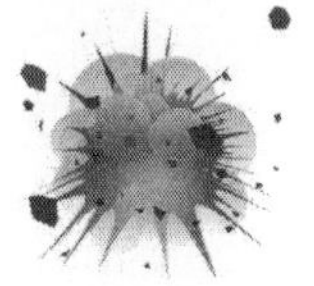

der Knall

bang (v.)

schlagen, knallen

bank

die Bank

barbed wire

der Stacheldraht

barcode

der Strichcode

barefoot (adj.)

barfuß

wastepaper basket

der Papierkorb

baseball

der Baseball

basin

das Becken

basket

der Korb

basketball

der Basketball

bat

die Fledermaus

bat

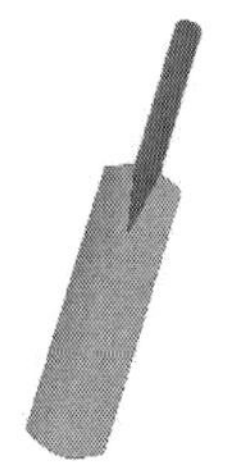

der Schläger

bathtub

die Badewanne

bathing suit, swimsuit

der Badeanzug

bathrobe

der Bademantel

bathroom

das Badezimmer

bathtub

die Badewanne

battery

die Batterie

beach

der Strand

bean

die Bohne

beans

die Bohnen (f. pl.)

bear

der Bär, die Bärin

beard

der Bart

bed

das Bett

bedroom

das Schlafzimmer

bee

die Biene

beer

das Bier

beetle

der Käfer

beggar

der Bettler, die Bettlerin

behind (prep.)

hinter

bell

die Glocke

belt

der Gürtel

bench

die Bank

bend

die Biegung, die Kurve

bend (v.)

sich bücken

bend, diffract (v.)

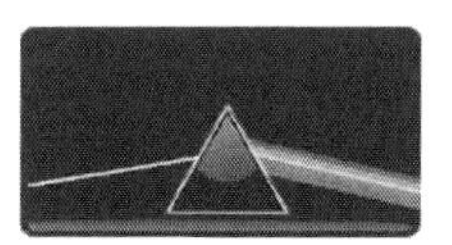

beugen

between (prep.)

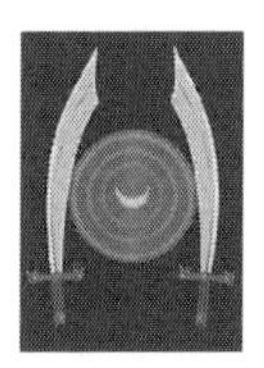

zwischen

beverage, drink

das Getränk

biceps

der Bizeps

bicycle, bike

das Fahrrad

big (adj.)

groß

bin, container

der Behälter

binoculars

das Fernglas

bird

der Vogel

birthday

der Geburtstag

bite

der Bissen, der Happen

bite (v.)

beißen

black (adj.)

schwarz

blackboard

die Tafel, die Wandtafel

black hole

das Schwarzes Loch

blade

die Klinge

blanket

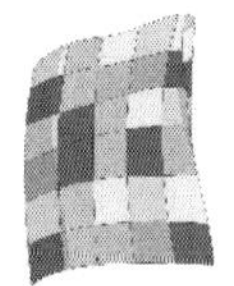

die Decke

blender

der Mixer, das Mixgerät

blizzard, snowstorm

der Schneesturm

block

der Block

blood

das Blut

blouse

die Bluse

blow (v.)

blasen

blush (v.)

erröten, rot werden

boat

das Boot

boat ramp

die Bootsrampe

bodyguard

der Leibwächter

boil (v.)

kochen

boiled (adj.)

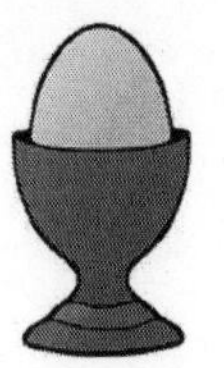

gekocht

bolt

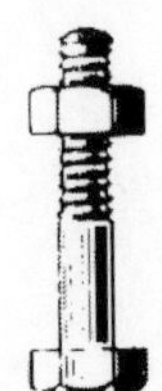

der Bolzen

bomb

die Bombe

bone

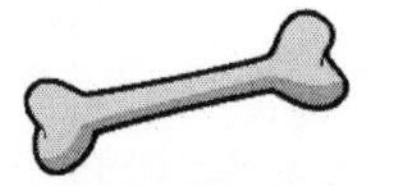

der Knochen

book

das Buch

bookcase

der Bücherschrank, das Bücherregal

bookish, learned (adj.)

gelehrt

bookshelf

das Bücherregal

boot

der Stiefel

border

die Grenze

boring (adj.)

langweilig

bottle

die Flasche

bottom

der Boden

boulder

der Felsblock

bounce (v.)

springen, hüpfen

bouquet

der Strauß, der Blumenstrauß, das Bukett

bowl

die Schüssel

box

die Box, der Kasten, der Karton, die Kiste

boxing

das Boxen

boy

der Junge, der Boy

bracelet

das Armband

brain

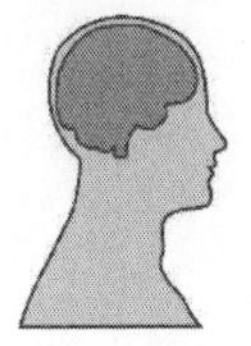

das Gehirn

branch

der Zweig, der Ast

bread

das Brot

break

die Pause

break (v.)

brechen

breeze

die Brise

brick

der Ziegel

bride

die Braut

bridge

die Brücke

briefcase

die Aktentasche

bright (adj.)

hell, leuchtend, strahlend

broccoli

der Brokkoli

broken (adj.)

gebrochen, kaputt

broom

der Besen

brush

die Bürste

paint brush

der Pinsel

bubble

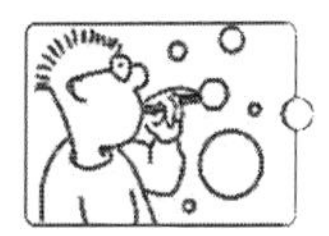

die Blase

buckle

die Schnalle

building

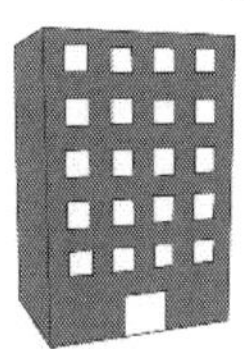

das Gebäude

bulb

die Birne, die Glühbirne

bull

der Stier

bullet

die Kugel, das Geschoss

bulldozer

der Bulldozer, die Planierraupe

bull's-eye

der Volltreffer

bump

die Beule, der Höcker

speed bump

die Rüttelschwelle, die Bodenschwelle

bunch

der Haufen, das Bündel

bundle

das Bündel, der Pack, der Haufen

bungalow

der Bungalow

burden, load, weight

die Belastung, die Last, die Bürde

burger

der Hamburger

burglar

der Einbrecher

burn (v.)

brennen

bus

der Bus, der Autobus

businessman

der Geschäftsmann

businesswoman

die Geschäftsfrau

bus stop

die Bushaltestelle

butter

die Butter

butterfly

der Schmetterling

button

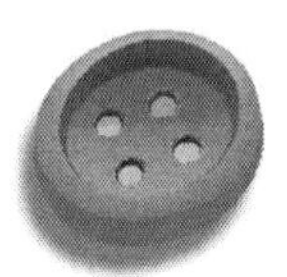

die Schaltfläche

buy, purchase (v.)

kaufen

C.....

cabbage

der Kohl

cabin

die Kabine

cabinet

der Schrank

filing cabinet

der Aktenschrank

cable

das Kabel

cactus

der Kaktus

café

das Café

cage

der Käfig

cake

der Kuchen

calculator

der Rechner

calendar

der Kalender

call (v.)

anrufen

call centre

das Call-Center

camel

das Kamel

camera

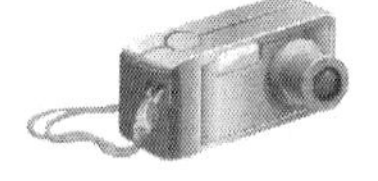

die Kamera

campfire

das Lagerfeuer

campsite

der Campingplatz

can

die Dose, die Blechdose

can opener, tin opener

der Dosenöffner

canal

der Kanal

cancel (v.)

stornieren, aufheben, annullieren

cancer

der Krebs, das Krebsgeschwür

candle

die Kerze

cannon

die Kanone

canoe

das Kanu

canyon

die Schlucht

cap

die Mütze

capture (v.)

einfangen, erfassen

car

der Wagen, das Auto, das Fahrzeug

caravan

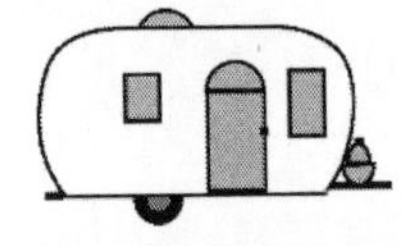

der Wohnwagen

card

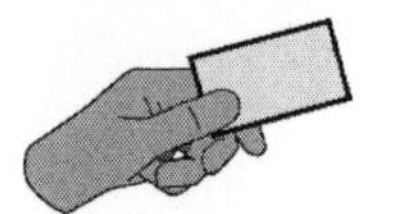

die Karte

carnival

der Karneval

carpet

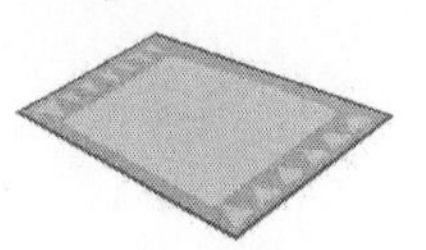

der Teppich

carriage

die Kutsche, der Schlitten

carrot

die Karotte

carry, cart (v.)

tragen, befördern

cart

die Karre

cash

das Bargeld

cash register

die Kasse

cashew (nut)

die Cashewnuss

castle

das Schloss

cat

die Katze

catch (v.)

fangen, erwischen

caterpillar

die Raupe

cauliflower

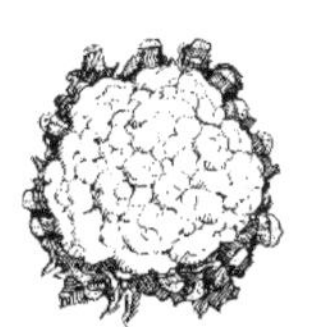

der Blumenkohl

cave

die Höhle

celebrate (v.)

feiern, zelebrieren

celery

der Sellerie

cement

der Zement

cemetery

der Friedhof

(breakfast) cereal

die Getreideflocken (f. pl.)

ceremony

die Zeremonie

chain

die Kette

chair

der Stuhl

chalk

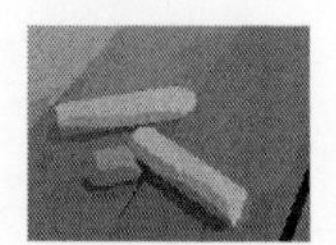

die Kreide

chart

die Tabelle, das Diagramm, die Grafik

chase (v.)

jagen, verfolgen

chasm

der Abgrund

chassis

das Chassis

chat, talk (v.)

das Gespräch, die Unterhaltung, der Plausch, der Schwatz, die Plauderei, der Schnack

checked, checkered (adj.)

kariert

check in (phrasal v.)

einchecken

check-in

das Einchecken, die Abfertigung

cheese

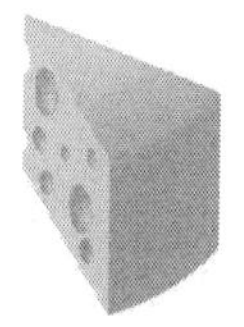

der Käse

cheetah

der Gepard

chef

die Küchenchef, der Koch, der Chefkoch

cherry

die Kirsche

cherries

die Kirschen (pl.)

chess

das Schach

chest

die Truhe

chew (v.)

kauen

chewing gum

der Kaugummi

chicken

das Huhn

child

das Kind

children

die Kinder (pl.)

chilli

der Chili

chimney

der Schornstein

chimpanzee

der Schimpanse

chisel

der Meißel

chocolate

die Schokolade

chocolate bar

der Schokoladenriegel, die Schokoladentafel

chop (v.)

hacken

chopping board

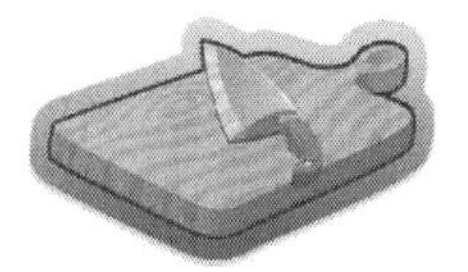

das Hackbrett

chopsticks

die Essstäbchen (nt. pl.)

church

die Kirche

cinema

das Kino

circle

der Kreis

circuit

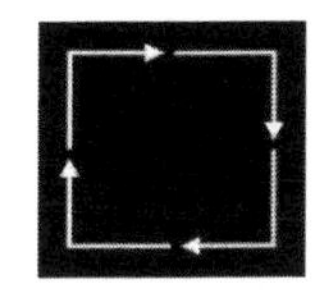

die Schaltung, der Schaltkreis, der Stromkreis,

circus

der Zirkus

city

die Stadt, die Großstadt

clamp

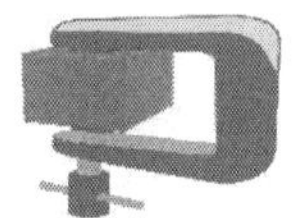

die Klemme

clap (v.)

klatschen

classroom

das Klassenzimmer

claw

die Klaue

clean (adj.)

sauber

clean (v.)

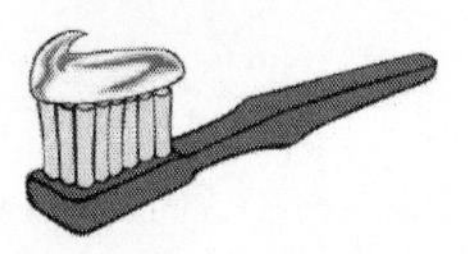

putzen, reinigen, säubern

cliff

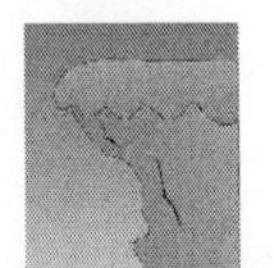

die Klippe

climb

der Aufstieg

climb (v.)

klettern, steigen

clip

die Klammer

hair clip

die Haarspange, die Haarklammer

clipboard

die Zwischenablage

cloak

der Umhang, der Mantel

clock

die Uhr

close (adj.)

nahe

closet

der Wandschrank

clothes-peg

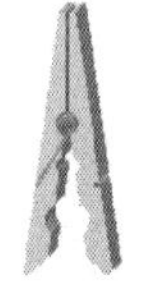

die Wäscheklammer

cloud

die Wolke

clown

der Clown, der Possenreißer

club

der Knüppel, die Keule

club (v.)

schlagen

golf club, golf stick

der Golfschläger

coastline

die Küste

coat

der Mantel

cobra

die Kobra, die Brillenschlange

cobweb

das Spinnennetz, das Spinngewebe, die Spinnwebe

cockroach

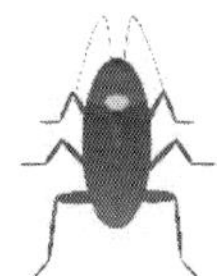

die Schäbe, die Küchenschabe

cocktail

der Cocktail, das Mixgetränk

coconut

die Kokosnuss

coffee

der Kaffee

coffee maker

die Kaffeemaschine

coffee percolator

die Kaffeemaschine

coffin, casket

der Sarg

cog

das Zahnrad, der Zahn

coil

die Spule

coin

die Münze

coins

die Münzen (pl.)

cold (adj.)

kalt, kühl

collar

das Halsband, das Hundehalsband, der Kragen

comb

der Kamm

comet

der Komet

compact disk

die Compact Disk

compartment

das Fach, das Abteil

compass

der Kompass

compete (v.)

konkurrieren

computer

der Computer, der Rechner

computer virus

das Computervirus

conceited, vain (adj.)

eingebildet, eitel

concert

das Konzert

ice-cream cone

die Eistüte

conference

die Konferenz

conflict, dispute, fight, disagreement

der Konflikt

confront (v.)

konfrontieren

confused, muddled, disorientated, lost (adj.)

verwirrt

connect (v.)

verbinden

container

der Behälter

contemplation, reflection, thought

das Nachdenken

converge (v.)

konvergieren

cook

der Koch

copy, reproduction, duplicate

die Kopie, das Exemplar, die Abschrift

copy (v.)

kopieren

core, centre, essence, heart

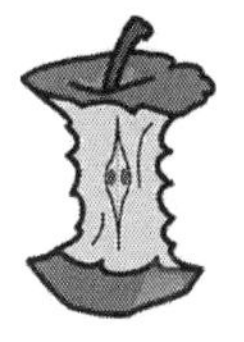

der Kern

cork

der Kork, der Korken

corkscrew

der Korkenzieher

corn

der Mais

corner

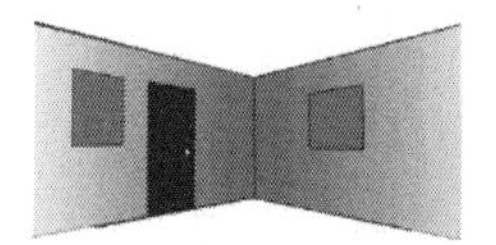

die Ecke

cotton

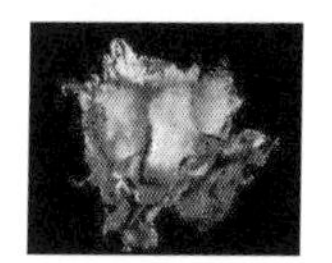

die Baumwolle

couch, sofa, lounge

die Couch, das Sofa, die Liege

cougar

der Puma, der Kuguar

counter, bench

die Theke, die Bank, der Ausschank

countryside

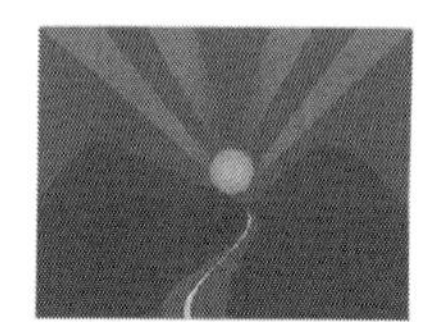

die Landschaft

couple

das Paar

court (v.)

umwerben, freien

cover (v.)

decken, bedecken, verdecken

cow

die Kuh

crab

die Krabbe

crack

der Riss, der Spalt

crash

der Zusammenstoß, der Unfall, der Absturz

crater

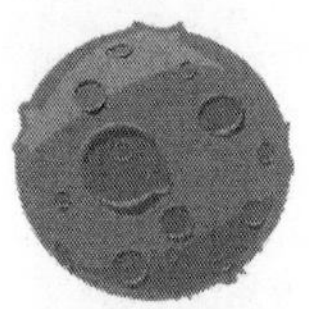

der Krater

crawl (v.)

kriechen, krabbeln

crazy, mad, insane (adj.)

verrückt, wahnsinnig, irre

credit card

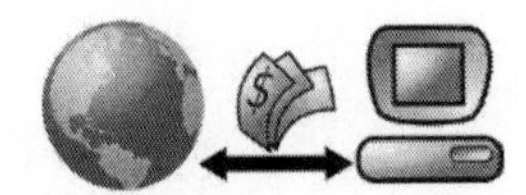

die Kreditkarte

cricket

das Kricket

crossroads

die Kreuzung, die Straßenkreuzung, der Scheideweg

crow

die Krähe

crowd

die Menschenmenge

crown

die Krone

cruise

die Kreuzfahrt

crush (v.)

zermalmen, zerquetschen, zerdrücken

cry

der Schrei, der Ausruf, der Ruf

cry (v.)

weinen, rufen, schreien, heulen

cube

der Würfel

cucumber

die Gurke

cunning, sly (adj.)

listig, schlau, gerissen, durchtrieben, verschlagen

cup

die Tasse

cupboard

der Schrank

cupcake

der kleine Kuchen

curly (adj.)

lockig

curtain

der Vorhang, die Gardine

curve

die Kurve, die Biegung

cushion

das Kissen, das Polster

cut

der Schnitt

cut (v.)

schneiden, abschneiden

cutlery

das Besteck

cyclist

der Radfahrer, die Radfahrerin

D…..

dance

der Tanz

dance (v.)

tanzen

dancer

der Tänzer, die Tänzerin

danger

die Gefahr, die Bedrohung

dangerous (adj.)

gefährlich, bedrohlich, riskant

dangle (v.)

baumeln

dart

der Abnäher, der Pfeil

dawn

die Dämmerung, die Morgendämmerung

dead (adj.)

tot

deer

der Hirsch, das Reh

deforestation

die Abholzung, die Entwaldung

deliver (v.)

liefern

demon

der Dämon

dentist

der Zahnarzt, die Zahnärztin

deodorant

das Deo, das Deodorant

desert

die Wüste

desk

der Schreibtisch

dessert

das Dessert, der Nachtisch

destroy (v.)

zerstören

detective, investigator

der Detektiv

dial

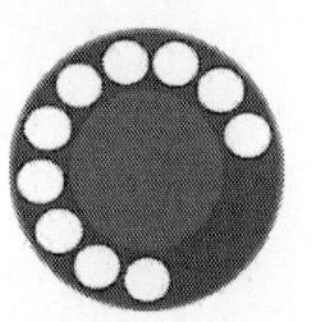

das Zifferblatt, die Wählscheibe

dial (v.)

wählen

diamond

der Diamant

dice

der Würfel

dictionary

das Wörterbuch

difficult (adj.)

schwer, schwierig, kompliziert

dig (v.)

graben

dinghy

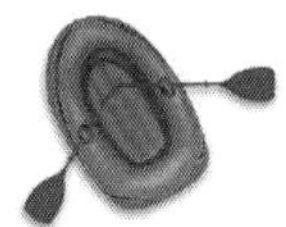

das Schlauchboot

dinosaur

der Dinosaurier

dirt

der Schmutz

dirty (adj.)

schmutzig, verschmutzt

disaster, catastrophe, calamity

die Katastrophe

disc jockey

der Discjockey

discard (v.)

wegwerfen

disco

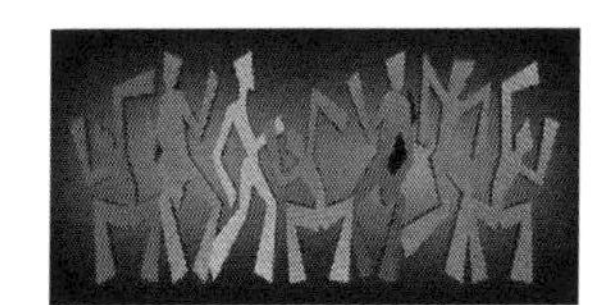

die Disko

disguise

die Verkleidung

dish

das Gericht

dishwasher

die Spülmaschine, der Geschirrspüler

divide (v.)

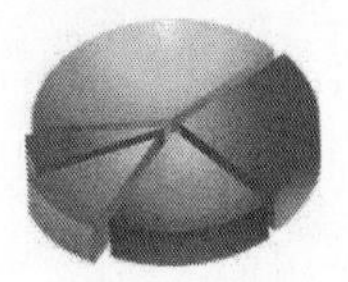

teilen, aufteilen, verteilen, zerteilen

dive (v.)

tauchen

diverge (v.)

divergieren

doctor

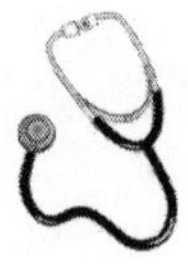

der Arzt, die Ärztin

dog

der Hund

doll

die Puppe

dolphin

der Delphin

donkey

der Esel

donut

der Donut, der Krapfen

door

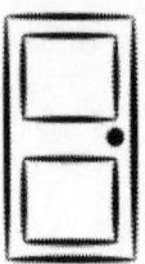

die Tür

doorbell

die Türklingel

doorknob

der Türknopf, der Türknauf, der Türgriff

double, look-alike

der Doppelgänger, die Doppelgängerin

double (adj.)

doppelt

double (v.)

verdoppeln

doubt

der Zweifel

doubt (v.)

zweifeln, bezweifeln

down, unhappy, depressed (adj.)

deprimiert, unglücklich

down (adv.)

nach unten, hinunter, herunter, hinab

downhill (adv.)

bergab, abwärts

drawers

die Schubladen (f. pl.), die Kommode

dress

das Kleid

drill

der Bohrer

drive

die Fahrt

drive (v.)

fahren

driver

der Fahrer

drone

die Drohne

droop (v.)

herunterhängen, herabhängen, sinken, welken

drum

die Trommel

dry (adj.)

trocken, dürr

dry (v.)

trocknen

dryer

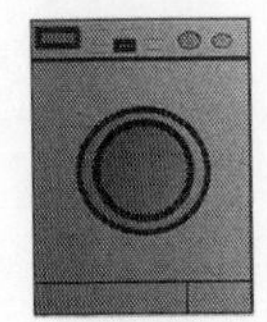

der Trockner

duck

die Ente

(rubbish) dump, tip

die Müllkippe

dump (v.)

verklappen, abladen, wegwerfen

dusk

die Abenddämmerung

dwarf

der Zwerg

E…..

e-mail

die E-Mail

eagle

der Adler

ear

das Ohr

earthquake

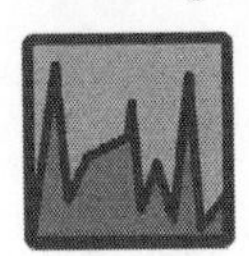

das Erdbeben

east

der Osten

edge

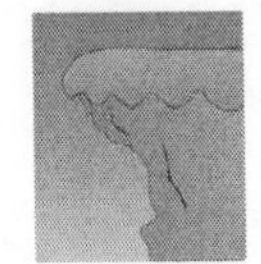

der Rand

educated (adj.)

gebildet

effort

die Anstrengung, die Bemühung

egg

das Ei

elbow

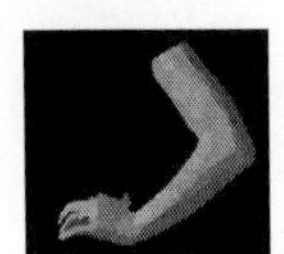

der Ellbogen

(the) elderly

der Alten

elderly (adj.)

älter, ältlich, bejahrt

electricity, electric current

die Elektrizität, der Strom

elevator, lift

der Aufzug

emerald

der Smaragd

emergency

der Notfall, der Notstand

emergency exit

der Notausgang

emit (v.)

emittieren, aussenden, abgeben, ausstrahlen

emphasize, underline, stress (v.)

betonen

empty, free, vacant, unoccupied (adj.)

leer, frei, unbesetzt, vakant

end

das Ende

engine, motor

der Motor

enormous, huge, gigantic (adj.)

enorm, riesig, gewaltig, ungeheuer, immens, riesengroß

enter (v.)

betreten, eintreten

envelope

der Umschlag, der Briefumschlag

equator

der Äquator

eraser, rubber

der Radiergummi

erratic (adj.)

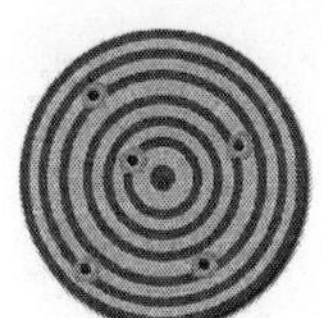

ungleichmäßig, unregelmäßig, variabel

eruption

der Ausbruch

escalator

die Rolltreppe

esky (trademark), cooler, icebox

die Kühlbox

espresso

der Espresso

event, occurrence

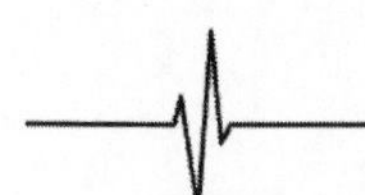

das Ereignis

examine (v.)

prüfen, untersuchen, überprüfen

exceptional, extraordinary, remarkable (adj.)

außergewöhnlich, bemerkenswert, außerordentlich

exhaust

der Auspuff

exit

der Ausgang

expensive, costly (adj.)

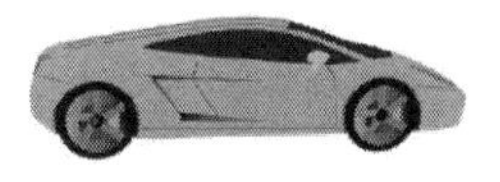

teuer, kostspielig

exposed (adj.)

ungeschützt, ausgesetzt

extra (adj.)

extra, zusätzlich

extravagant (adj.)

extravagant

eye

das Auge

eyeball

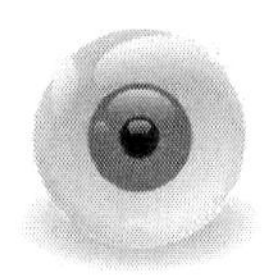

der Augapfel

eyebrow

die Augenbraue

eyelid

das Augenlid

F.....

face

das Gesicht

factory

die Fabrik, das Werk

fairy

die Fee

fall (v.)

fallen

fall (v.)

fallen, umfallen

family

die Familie

fan

der Fan, der Lüfter, der Ventilator

wind farm

der Windpark

farmer

der Bauer, die Bäuerin, der Landwirt, die Landwirtin

fashion

die Mode

fast, quick (adj.)

schnell, rasant, geschwind

fat (adj.)

fett, dick

fear

die Angst

feast

das Fest

feather

die Feder

feet

die Füße (m. pl.)

fence

der Zaun

fever

das Fieber

sports field, sports ground

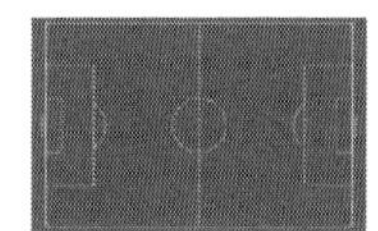

der Sportplatz

fill (v.)

füllen

filter

der Filter

finger

der Finger

fingernail

der Fingernagel

fingerprint

der Fingerabdruck

fire

das Feuer

fire extinguisher

der Feuerlöscher

fireplace

der Kamin

fireworks

das Feuerwerk

fish

der Fisch

fishhook

der Angelhaken

fishing

die Fischerei

fishing rod

die Angelrute

fit (v.)

passen, montieren

fit (adj.)

gesund

fitness

die Fitness

flag

die Flagge

flamingo

der Flamingo

flashlight, torch

die Taschenlampe, die Fackel

flat (adj.)

flach

flexible (adj.)

flexibel

float (v.)

schweben, floaten

flood

die Flut

floor

der Fußboden

flow

die Strömung, der Fluss

flow (v.)

fließen, strömen

flower

die Blume

flu

die Grippe

flute

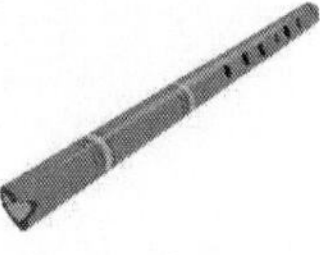

die Flöte

fly (zipper)

der Hosenschlitz

fly

die Fliege

fly (v.)

fliegen

flying saucer, UFO

die fliegende Untertasse, das unbekannte Flugobjekt

fog

der Nebel

folder [computer]

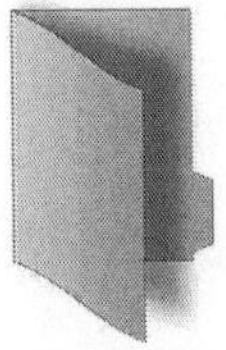

der Ordner

folder

der Aktendeckel

follow (v.)

folgen

food

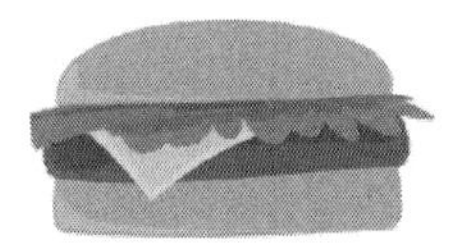

das Essen, das Lebensmittel

foot

der Fuß

football

der Fußball

forearm

der Unterarm

forest, woods

der Wald

fork

die Gabel

forklift

der Gabelstapler

formula

die Formel

fossil

das Fossil

fountain

der Springbrunnen, der Brunnen

fox

der Fuchs

frame

der Rahmen, das Gestell,

fresh (adj.)

frisch, gesund

friend

der Freund, die Freundin

friendly, likeable, nice, amiable (adj.)

freundlich

Frisbee (trademark)

das Frisbee

frog

der Frosch

front

die Vorderseite

frost

der Frost

froth

der Schaum

frown

das Stirnrunzeln

fruit

die Frucht

frying pan

die Bratpfanne

fuel

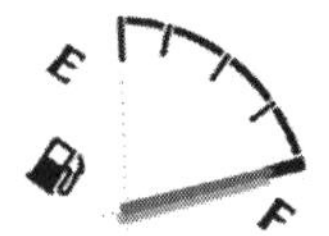

der Kraftstoff

full (adj.)

voll

fun

der Spaß

funeral, burial

die Beerdigung

funnel

der Trichter

furniture

die Möbel

fuse

die Sicherung

G…..

game

das Spiel

garage

die Garage

garbage can

der Mülleimer

garden

der Garten

garlic

der Knoblauch

gas

das Gas

gate

das Tor

gauge

das Messgerät

gaze

der Blick

gaze (v.)

anstarren, starren

gear stick

der Schalthebel, der Schaltknüppel

generator

der Generator

generous (adj.)

großzügig

ghost

der Geist, das Gespenst

gift, present

das Geschenk

girl

das Mädchen

giraffe

die Giraffe

give (v.)

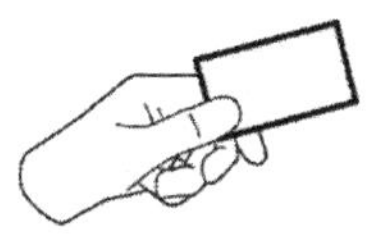

geben

glacier

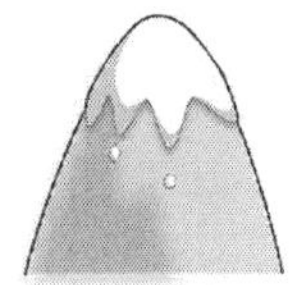

der Gletscher

glass

das Glas

glasses, spectacles

die Brille

glove

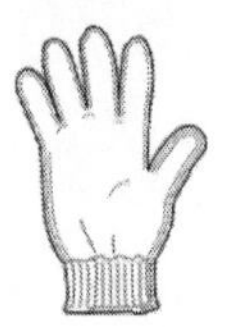

der Handschuh

glue

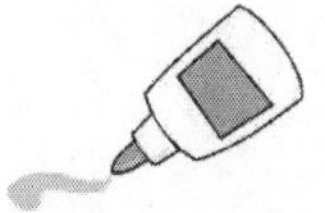

der Leim

gnaw (v.)

nagen

goat

die Ziege

goggles

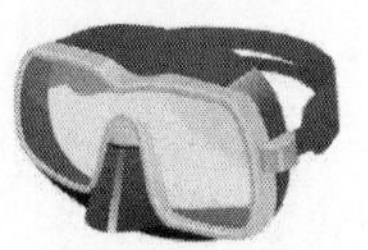

die Schutzbrille

gold

das Gold

golf

das Golf

gorilla

der Gorilla

graduation (ceremony)

die Abschlussfeier

grapes

die Trauben (f. pl.)

grass, lawn

das Gras

grate, grating

der Feuerrost, der Gitterrost

grater

die Reibe

greed

die Gier, die Habgier, die Habsucht

grind (v.)

schleifen, mahlen, zerstoßen

groom

der Bräutigam

group

die Gruppe

grow, increase (v.)

wachsen

guard

der Wächter, die Garde

guitar

die Gitarre

gun, firearm

das Gewehr

gym

die Turnhalle, das Fitnessstudio

H…..

hail (v.)

winken, herbeiwinken, rufen

hair

das Haar

hair dryer

der Föhn, der Haartrockner

haircut

der Haarschnitt

half

die Hälfte

ham

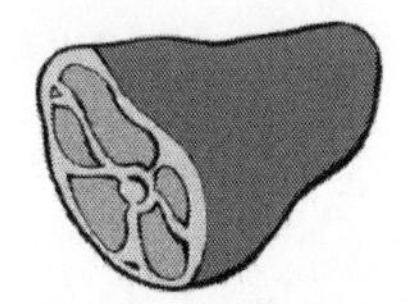

der Schinken

hammer

der Hammer

hammer (v.)

hämmern

hand

die Hand

handcuffs

die Handschellen (f. pl.)

handkerchief

das Taschentuch

handshake

der Händedruck

hang (v.)

hängen

(coat) hanger

der Kleiderbügel

hang-glider

der Hängegleiter, der Drachen

happy, cheerful, joyful (adj.)

glücklich, freudig, fröhlich

hard, tough, strong (adj.)

hart, zäh, robust

hardy (adj.)

winterhart, abgehärtet, widerstandsfähig

harp

die Harfe

harvest

die Ernte

hat

der Hut

hawk

der Falke

hay

das Heu

haystack

der Heuhaufen

head

der Kopf

headache

die Kopfschmerzen

headphones

die Kopfhörer (m. pl.)

heap, pile

der Haufen, der Stapel

heart

das Herz

heat

die Hitze, die Wärme

heat (v.)

erhitzen, erwärmen

heavy (adj.)

schwer

helicopter

der Hubschrauber

helmet

der Helm

herbs

die Kräuter (nt. pl.)

hermit

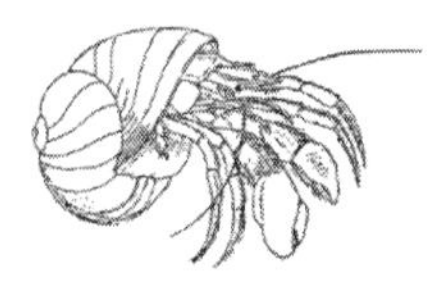

der Einsiedler, die Einsiedlerin, der Eremit, die Eremitin

hide, conceal (v.)

verbergen, verstecken, verdecken

high (adj.)

hoch

highway

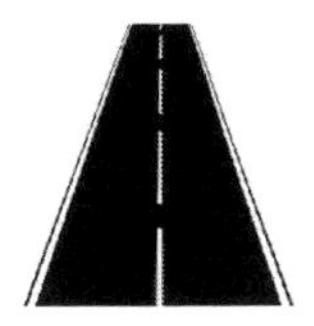

die Autobahn

hike

die Wanderung

hill

der Hügel, die Anhöhe

hilly (adj.)

hügelig

hinge

das Scharnier

hip

die Hüfte

hips

die Hüften (f. pl.)

hippopotamus

das Nilpferd

hitchhiker

der Tramper, die Tramperin, der Anhalter, die Anhalterin

hold (v.)

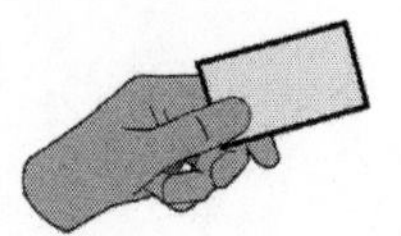

halten, festhalten

holder

der Halter

pencil holder

der Stifthalter

hole

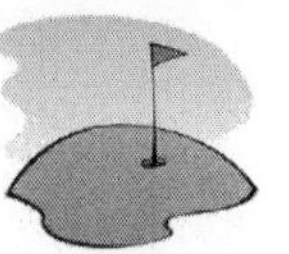

das Loch

home

das Haus, das Zuhause, die Heimat

mobile home

der Wohnwagen

honey

der Honig

hook

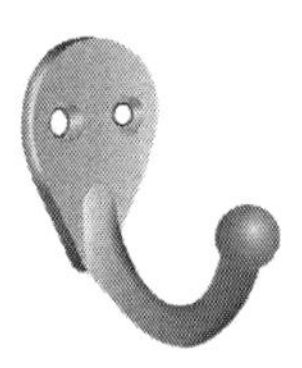

der Haken, der Kleiderhaken

hook-shaped, hooked (adj.)

hakenförmigen, Haken-

hop (v.)

hüpfen

horn

das Horn

horns

die Hörner (nt. pl.)

horse

das Pferd

hose

der Schlauch

hose (down), spray (v.)

abspritzen

hospital

das Krankenhaus

hot (adj.)

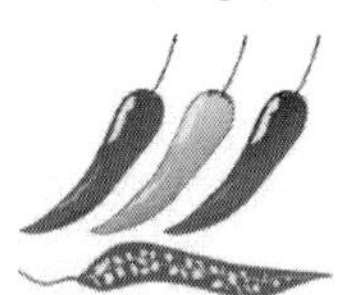

heiß, scharf

hotel

das Hotel

house

das Haus

hungry (adj.)

hungrig

hunter

der Jäger, die Jägerin

I.....

ice

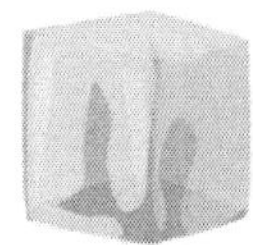

das Eis

ice cream

die Eiskrem, die Eiscreme, das Speiseeis

iceberg

der Eisberg

icing

der Zuckerguss

idea

die Idee. die Ahnung

identical (adj.)

identisch

imagine, conceive (v.)

sich vorstellen, ausdenken

indicate, point (v.)

zeigen, weisen, hinweisen

information desk

der Auskunftsschalter, die Auskunft

inhale (v.)

inhalieren, einatmen

injury

die Verletzung

ink

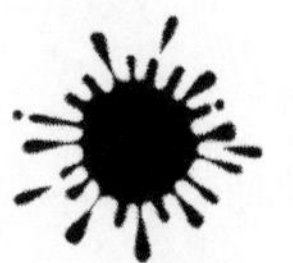

die Tinte

insect

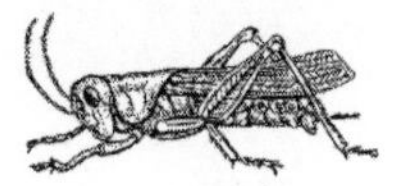

das Insekt

inspect, examine, check (v.)

prüfen, überprüfen, inspizieren

intense (adj.)

intensiv

internet

das Internet

internet café

das Internetcafé, das Internet-Café

intersection

die Kreuzung, die Straßenkreuzung

intriguing (adj.)

faszinierend, intrigierend

invasion

die Invasion, der Einmarsch

invent (v.)

erfinden

investigate (v.)

untersuchen, erforschen

iron

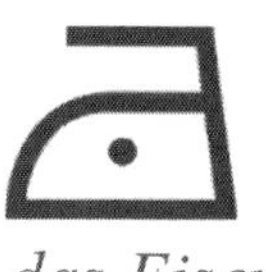

das Eisen

island

die Insel

J…..

jacket

die Jacke

jail, prison

der Knast, das Gefängnis

jam

die Marmelade

jar

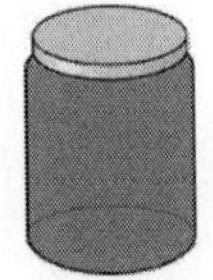

das Gefäß, das Glas

jeans

die Jeans

jellyfish

die Qualle

jet

der Jet

jet ski (trademark)

der Jetski

jetty

der Anlegesteg, der Pier, die Landungsbrücke

jewellery

der Schmuck

joker, practical joker, trickster, prankster

der Joker, der Spaßvogel, der Witzbold

judge

der Richter, die Richterin

jug

der Krug, das Kännchen

juggle (v.)

jonglieren

juice

der Saft

jump (v.)

springen

jumper, pullover, sweater

der Pullover

junction

die Kreuzung

jungle

der Dschungel

K…..

keg, barrel

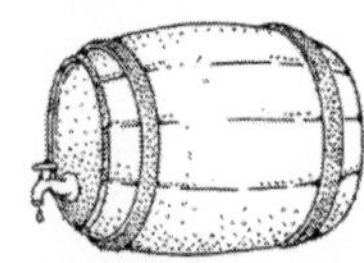

das Fass, das Fässchen

kettle

der Wasserkessel

key

der Schlüssel

key ring

der Schlüsselring

keyhole

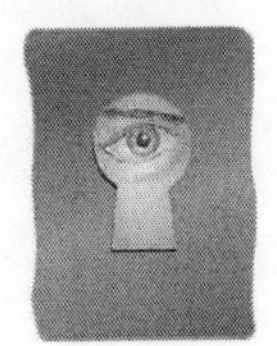

das Schlüsselloch

kick

der Tritt, der Stoß

kick (v.)

treten, kicken

kidney

die Niere

kindergarten

der Kindergarten

kindling

das Anzündholz, das Anmachholz

king

der König

kiss

der Kuss

kitchen

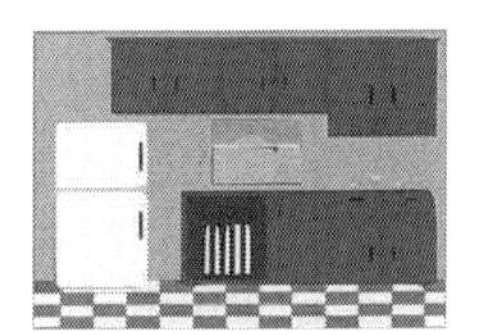

die Küche

kite

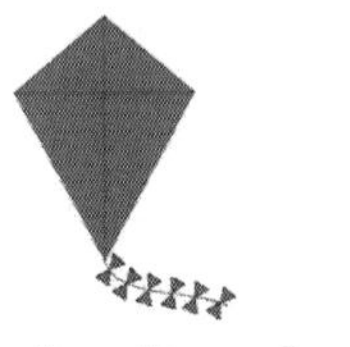

der Drachen

kitten

das Kätzchen

knee

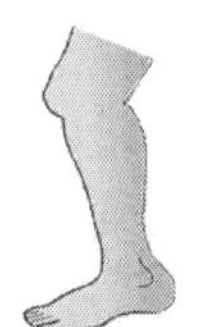

das Knie

knife

das Messer

knot

der Knoten

L.....

label, tag

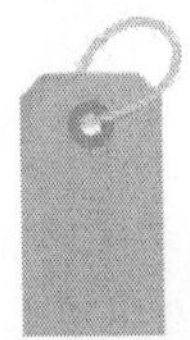

das Etikett

laboratory

das Labor

ladder

die Leiter

lake

der See

lamb

das Lamm

lamp

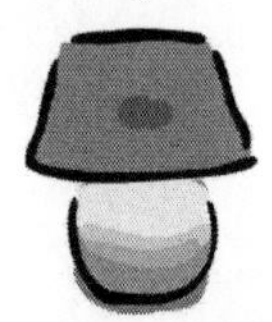

die Lampe

desk lamp

die Schreibtischlampe

lane

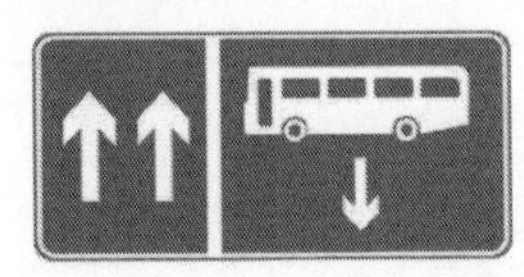

die Spur, die Fahrspur, die Fahrbahn

large (adj.)

groß

laser

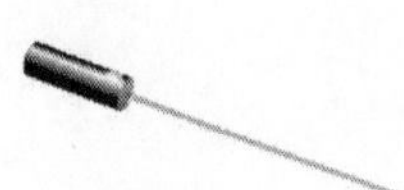

der Laser

laugh

das Lachen

laugh (v.)

lachen

launch (v.)

starten

laundry, Laundromat

die Wäscherei, der Waschsalon

lava

die Lava

law

das Gesetz, das Recht

lawn

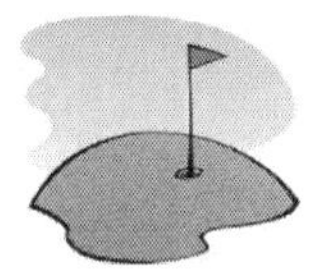

der Rasen

lawn mower

der Rasenmäher

lawyer

der Anwalt, die Anwältin, der Rechtsanwalt, die Rechtsanwältin

lay (v.)

legen

layer

die Schicht

lead, leash

die Leine

leader

der Führer, die Führerin

leaf

das Blatt

leak

das Leck, die undichte Stelle, das Loch

leak (v.)

lecken, auslaufen

ledge

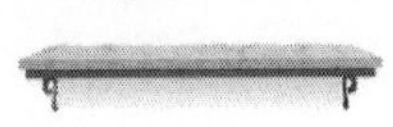

das Sims

left (adv.)

links

leg

das Bein

lemon

die Zitrone

letter

das Schreiben

letterbox, mailbox

der Briefkasten

lettuce

der Kopfsalat

lever

der Hebel

library

die Bibliothek, die Bücherei

lick (v.)

lecken, schlecken

lid, top, cover

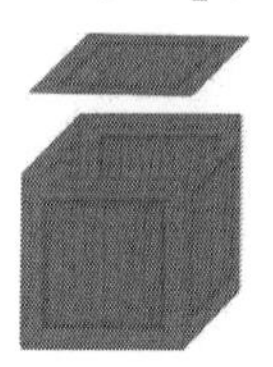

der Deckel

life jacket

die Rettungsweste, die Schwimmweste

lifeboat

das Rettungsboot

lifeguard

der Rettungsschwimmer, die Rettungsschwimmerin

lift (v.)

heben, anheben

light

das Licht

light bulb

die Glühbirne

lighthouse

der Leuchtturm

lightning

der Blitz

line

die Leine

line

die Linie

lion

der Löwe

lip

die Lippe

lips

die Lippen (f. pl.)

lipstick

der Lippenstift

listen (v.)

hören

little, small (adj.)

wenig, klein

lively (adj.)

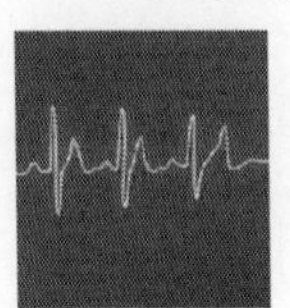

lebendig, lebhaft, rege

lizard

die Eidechse

location, position

die Lage, die Standort, die Position

lock

das Schloss

lock (v.)

zuschließen, sperren, verriegeln

log

der Baumstamm, das Scheit, der Klotz

look (v.)

aussehen, schauen

loop

die Schleife, die Schlinge

loop (v.)

schlingen, sich schlingen

loose (adj.)

lose, locker

lost (adj.)

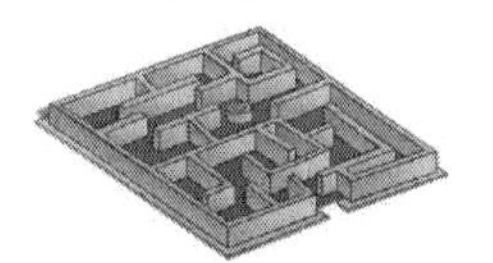

verloren

loud (adj.)

laut

lounge (v.)

faulenzen, sich lümmeln

love

die Liebe

love (v.)

lieben

low, weak (adj.)

schwach

low (adj.)

tief

luggage

das Gepäck

lunatic

der Verrückter, die Verrückte, der Irrer, die Irre

M…..

machine

die Maschine, der Apparat

mad (adj.)

verrückt, wahnsinnig

magazine

das Magazin, die Zeitschrift

magic

die Magie

magician

der Zauberer

magnet

der Magnet

magnify (v.)

vergrößern

mail

die Post

mail (v.)

versenden, verschicken, aufgeben

mailman, postman, postwoman

der Briefträger, die Briefträgerin, der Postbote, die Postbotin

makeup

das Make-up, die Schminke

man

der Mann

handyman, handywoman

der Handwerker, die Handwerkerin, der Heimwerker, die Heimwerkerin

mansion

die Villa

map

die Landkarte, die Karte

market

der Markt

market (v.)

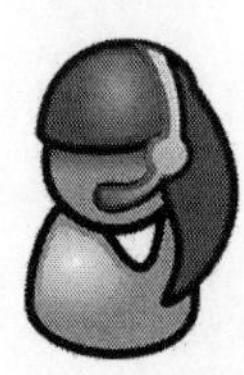

vermarkten, vertreiben, verkaufen

stock market, stock exchange

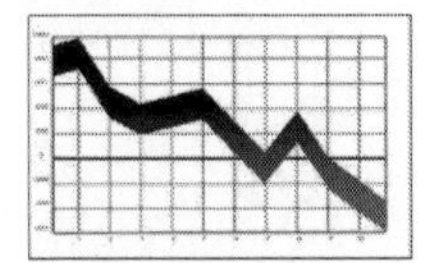

die Börse

mask

die Maske

mast

der Mast

mat

die Matte

match, game

das Spiel, das Match

match

das Streichholz

matches

die Streichhölzer (nt. pl.)

mattress

die Matratze

maze

das Labyrinth

measure (v.)

messen

meat

das Fleisch

mechanic

der Mechaniker, die Mechanikerin

medal

die Medaille

media, press

die Medien (pl.), die Presse

meditation

die Meditation

megaphone

das Megaphon

memory stick

der Speicherstick, der Memory Stick

menu

die Speisekarte, das Menü

merge (v.)

verschmelzen, fusionieren

mesh

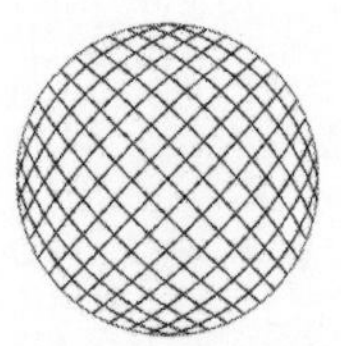

die Masche, das Drahtgeflecht

mesh (v.)

ineinander greifen, sich vereinen lassen

microwave oven

die Mikrowelle

midnight

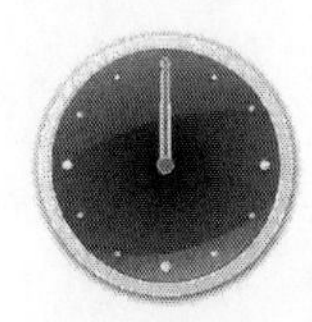

die Mitternacht

milk

die Milch

mince, grind (v.)

hacken, zerkleinern

miner

der Bergmann, der Bergarbeiter, die Bergarbeiterin

mirror

der Spiegel

miser

der Geizhals, der Geizkragen

miserable (adj.)

elend

missile

die Rakete

mix, blend (v.)

mischen

mobile phone

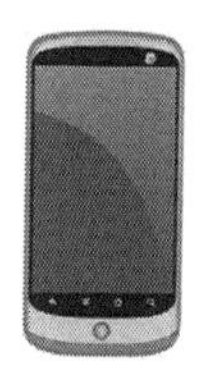

das Handy, das Mobiltelefon

monastery

das Kloster

money

das Geld

monk

der Mönch

monsoon

der Monsun

moon

der Mond

mop

der Mopp

morning

der Morgen

mosque

die Moschee

mosquito

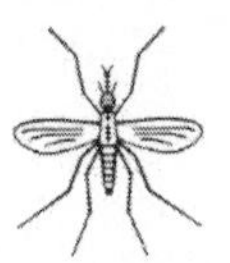

die Mücke

motorcycle

das Motorrad

mountain

der Berg

mouse

die Maus

moustache

der Schnurrbart

mouth

der Mund

movie

der Film

mow (v.)

mähen

mud

der Schlamm

mum, mother

die Mama

muscle

der Muskel

mushroom

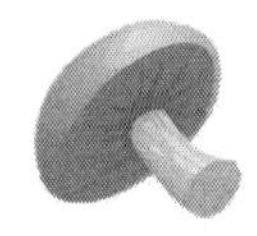

der Pilz

music

die Musik

musician

der Musiker, die Musikerin

mysterious (adj.)

geheimnisvoll

N…..

nail

der Nagel

napkin, serviette

die Serviette

nappy, diaper

die Windel

narrow (adj.)

schmal, eng

narrow-minded (adj.)

engstirnig

neat, orderly, tidy (adj.)

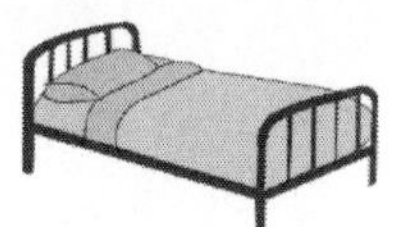

gepflegt, ordentlich

neck

der Hals

necklace

die Halskette

needle

die Nadel

neighbourhood

die Nachbarschaft, die Gegend

nest

das Nest

network

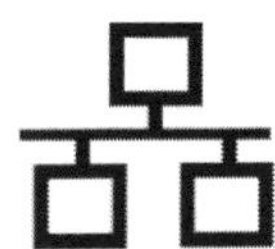

das Netz, das Netzwerk

newspaper

die Zeitung

night

die Nacht

night club

der Nachtklub

nonviolence

die Gewaltlosigkeit

noose

die Schlinge

north

der Norden

nose

die Nase

notebook

das Notizbuch

novel

der Roman

nozzle

die Düse

nun

die Nonne

nurse

die Krankenschwester

nut

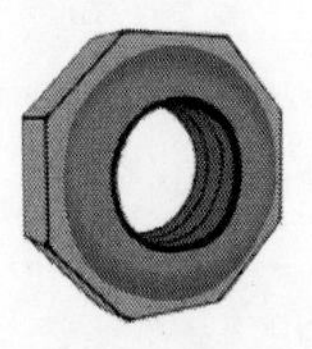

die Mutter, die Schraubenmutter

nut

die Nuss

nuts

die Nüsse (f. pl)

O.....

oar

das Ruder, der Riemen

oasis

die Oase

obese (adj.)

fettleibig, feist

ocean

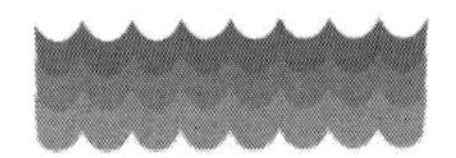

der Ozean

octopus

der Krake

oil

das Öl

onion

die Zwiebel

open (adj.)

geöffnet

open (v.)

öffnen

open-minded (adj.)

aufgeschlossen

operation

die Operation

opposite (adv.)

gegenüber

opposition, opponent, adversary

die Opposition, der Gegner, die Gegnerin, der Opponent, der Widersacher, die Widersacherin

optometrist

der Optiker, die Optikerin

optimistic (adj.)

optimistisch

orange

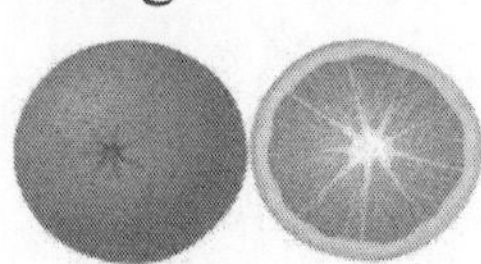

die Orange, die Apfelsine

outdoors (adv.)

draußen, im Freien

oval (adj.)

oval

owl

die Eule

oyster

die Auster

P.....

package

das Paket

paddle

das Paddel

paddle (v.)

paddeln

padlock

das Vorhängeschloss

paint

die Farbe, der Lack

paint (v.)

malen, lackieren, streichen

paintbrush

der Pinsel

painter

der Maler, die Malerin

painting

die Malerei

pair

das Paar

palace

das Schloss

palm

die Handfläche

paper

das Papier

paperclip

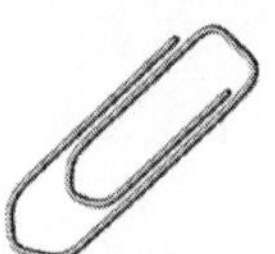

die Büroklammer

parachute

der Fallschirm

paradise

das Paradies

parallel (adj.)

parallel

parcel

das Paket, das Päckchen

park

der Park

partnership

die Partnerschaft

party

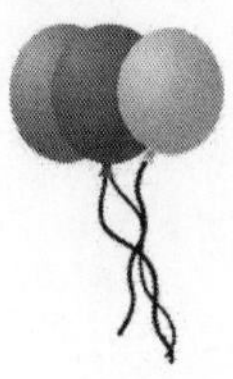

die Party, die Fete, das Fest

passenger

der Passagier, der Passagierin

passport

der Pass

pasta

die Pasta, die Nudeln (f. pl.), die Teigwaren (pl.)

path

der Weg, der Pfad

patient

der Patient, die Patientin

pattern

das Muster

pause, break

die Pause

pause (v.)

pausieren, anhalten, innehalten

paw

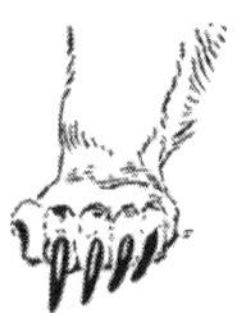

die Pfote

peace

der Friede, der Frieden

peak, summit

die Spitze, der Gipfel

pear

die Birne

pea

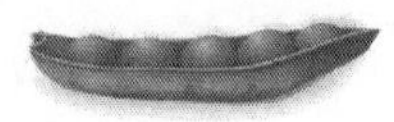

die Erbse

peas

die Erbsen (f. pl.)

pedal

das Pedal, der Fußhebel

pedal (v.)

treten

pedestrian

der Fußgänger, die Fußgängerin

pedestrian crossing

der Zebrastreifen

peel (v.)

schälen, pellen

peeler

der Schäler

pen

der Stift

pencil

der Bleistift

pencil sharpener

der Bleistiftspitzer

pepper

der Pfeffer

pest

der Schädling

pet

das Haustier

photocopier

das Fotokopiergerät, der Fotokopierer

piano

das Klavier

piece

das Stück, das Teil

pig

das Schwein

pill, capsule

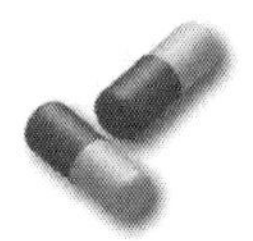

die Pille, die Kapsel

pillow

das Kissen

pilot

der Pilot, die Pilotin

pin

die Stecknadel, der Stift

pinch, nip (v.)

kneifen, zwicken

ping pong (table tennis)

das Ping-Pong, das Tischtennis

pipe

das Rohr

pirate

der Pirat, die Piratin

pistol, handgun

die Pistole

pizza

die Pizza

planet

der Planet

plank

die Planke, das Brett

plant

die Pflanze

plate

der Teller

platform

die Plattform

play (v.)

spielen

plentiful (adj.)

reichlich

pliers

die Zange

plug

der Stecker

plunge (v.)

tauchen

plunge (v.)

stecken

plunger

der Sauger, der Ventilkolben

plunger

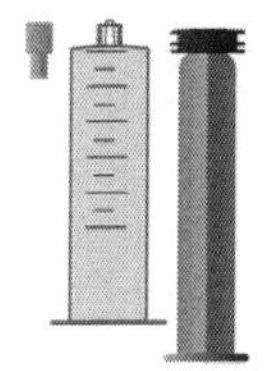

der Kolben, der Spritzenkolben

pocket

die Tasche

pole

die Stange, der Mast

police officer

der Polizist, die Polizistin

politics

die Politik

pollution

die Verschmutzung, die Verunreinigung

pond

der Teich

ponder (v.)

nachdenken

pork

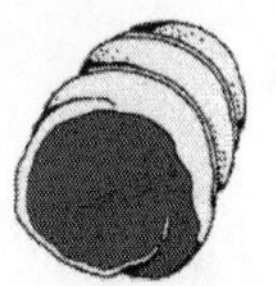

das Schweinefleisch

pose

die Haltung, die Pose

post, send (v.)

abschicken, absenden, aufgeben

postage stamp

die Briefmarke

postcard

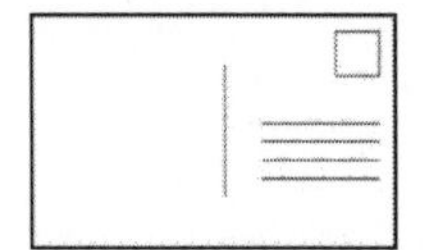

die Postkarte

post office

die Post, das Postamt

pot

der Topf

potato

die Kartoffel

pour (v.)

gießen, eingießen, schütten, einschenken

practical (adj.)

praktisch

pram, baby carriage, stroller

der Kinderwagen

pregnant (adj.)

schwanger

presentation

die Präsentation

press (v.)

drücken, pressen

pressure

der Druck

pretend (v.)

vorgeben, vortäuschen

princess

die Prinzessin

print (v.)

drucken

printer

der Drucker

problem

das Problem

profit

der Gewinn

projectile

das Geschoss

propeller

der Propeller

puddle

die Pfütze

pulley

der Flaschenzug

pump

die Pumpe

pumpkin

der Kürbis

punch

der Schlag, der Faustschlag

punch (v.)

schlagen, stanzen, boxen

puncture

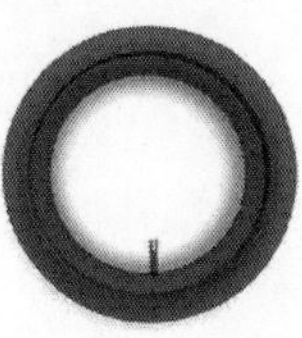

die Reifenpanne, der Einstich, das Loch,

puncture (v.)

durchstechen

puppet

die Marionette

purse

die Geldbörse

pyramid

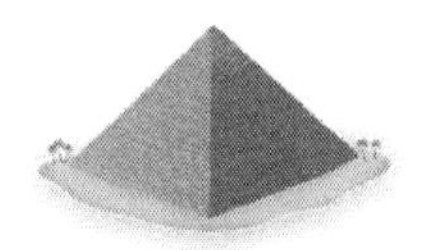

die Pyramide

Q.....

quandary, dilemma

das Dilemma

quarter

das Quartal, das Viertel

quay, wharf, pier

der Kai, der Pier

queen

die Königin

question

die Frage

queue, line

die Queue, die Schlange

queue [stand in line] (v.)

anstehen, sich anstellen, Schlange stehen

R.....

rabbit

das Kaninchen

rack

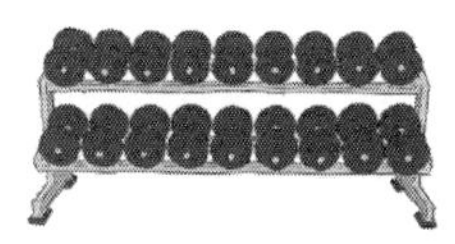

das Gestell, der Ständer

racket

der Schläger

radar

der Radar, das Radar

radio

das Radio

raft

das Floß

rage

die Wut

railing, handrail

das Geländer

rain

der Regen

rain (v.)

regnen

rainbow

der Regenbogen

raincoat

der Regenmantel

raindrop

der Regentropfen

raise (v.)

heben, erhöhen

rake

der Rechen

ramp

die Rampe

mountain range

das Gebirge

rare, scarce (adj.)

selten, rar

rat

die Ratte

razor

der Rasierapparat, das Rasiermesser

reach (v.)

greifen

reach, arrive (v.)

erreichen, ankommen

react (v.)

reagieren

reaction

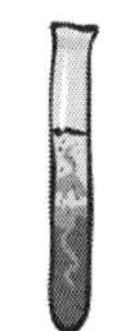

die Reaktion

nuclear reactor

der Kernreaktor, der Atomreaktor

read (v.)

lesen

ready, prepared (adj.)

bereit

recreation

die Erholung, die Entspannung

rectangle

das Rechteck

recycle (v.)

recyceln

reel

die Spule, die Rolle

referee, umpire

der Schiedsrichter, die Schiedsrichterin

refrigerator

der Kühlschrank

relaxed (adj.)

entspannt

remove (v.)

entfernen, abnehmen

repair (v.)

reparieren

resort

der Urlaubsort

restaurant

das Restaurant

restrict (v.)

beschränken, einschränken

return (v.)

zurückkehren, zurückkommen, zurückfahren, zurückgehen

rice

der Reis

rich, wealthy (adj.)

reich

riches

die Reichtümer (m. pl.)

(horseback) rider

der Reiter, die Reiterin

rifle, gun

die Büchse, das Gewehr

right (adv.)

rechts

right angle

der rechter Winkel

rim

die Felge, der Radkranz

ring

der Ring

ring

der Ring, die Manege

ring (v.)

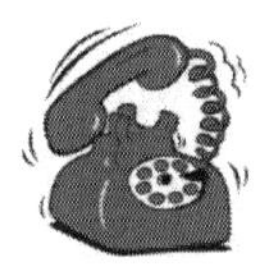

klingeln, läuten

ripple

das Plätschern, das Klatschen, die kleine Welle

risk

das Risiko

river

der Fluss

road

die Straße

roar

das Gebrüll

roar (v.)

brüllen

roasted (adj.)

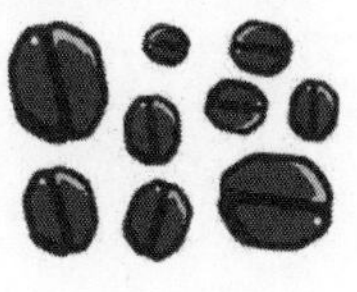

geröstet

robber

der Räuber, die Räuberin

robot

der Roboter

rock

der Stein, das Gestein, der Fels, der Felsen

rock (v.)

schaukeln, wiegen

rocket

die Rakete

roll

die Rolle

roll (v.)

rollen, ausrollen, aufrollen

roller coaster

die Achterbahn

romantic (adj.)

romantisch

roof

das Dach

room

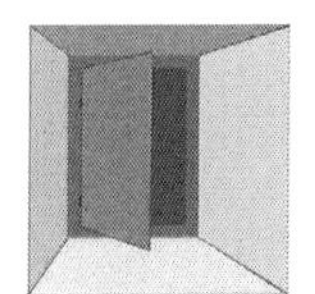

das Zimmer

rooster

der Hahn

root

die Wurzel

rope

das Seil

rose

die Rose

rotten (adj.)

morsch

roundabout

der Kreisverkehr

row (v.)

rudern

rowboat

das Ruderboot

rubbish, trash, garbage

der Müll, der Abfall

rubbish bin

der Mülleimer

ruby

der Rubin

ruins

die Ruinen (f. pl.)

ruler

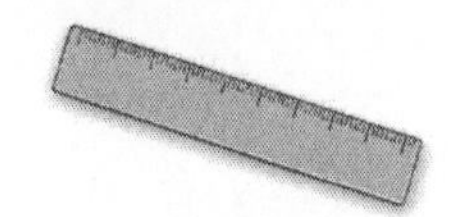

das Lineal

ruler, sovereign, monarch

der Herrscher, die Herrscherin

run

der Lauf

run (v.)

laufen, rennen

runway

die Landebahn

S.....

sack

der Sack

sad (adj.)

traurig

saddle

der Sattel

safe, vault, strongbox, strongroom

der Safe, das Safe, der Panzerschrank, der Tresor

safety pin

die Sicherheitsnadel

sailor

der Seemann, der Segler, die Seglerin, der Matrose, die Matrosin

salad

der Salat

salami

die Salami

salt

das Salz

sand

der Sand

sandal

die Sandale

sandals

die Sandalen (f. pl.)

sandwich

das Sandwich, die Doppelschnitte

sapling

der junge Baum

satellite

der Satellit

sauce

die Sauce, die Soße

saucepan

der Kochtopf

saucer

die Untertasse

sausage

die Wurst

saw

die Säge

scale, climb (v.)

klettern, steigen

scales

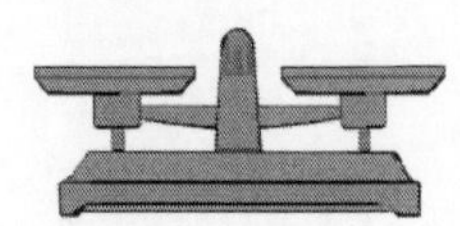

die Waage

scarecrow

die Vogelscheuche

scarf

der Schal

school

die Schule

scissors

die Schere

scooter

der Roller

screen

der Bildschirm

screw

die Schraube

screwdriver

der Schraubendreher, der Schraubenzieher

scuba diving

das Sporttauchen, das Gerätetauchen

sea

das Meer

seafood

die Meeresfrüchte (f. pl.)

seal

das Siegel, die Dichtung

seal (v.)

siegeln, versiegeln, dichten, verschließen

seat

der Sitz

seat belt

der Sicherheitsgurt

sell (v.)

verkaufen

semitrailer, articulated lorry

der Sattelauflieger, der Sattelschlepper

send, transmit, broadcast (v.)

senden, schicken, ausstrahlen

serious (adj.)

ernst

service

der Dienste

service

der Service, die Bedienung

service

die Wartung, die Inspektion

service (v.)

warten

service station

die Tankstelle

sewerage, sewage

die Kanalisation, das Abwasser, die Abwässer (nt. pl.)

shack, hut

die Hütte

shade

der Schatten

shadow

der Schatten

shame

die Schande, die Scham

share, part, portion

der Anteil

share (v.)

teilen

sharp (adj.)

scharf

shark

der Hai

shave (v.)

rasieren, sich rasieren

shed

der Schuppen

sheep

das Schaf

shell

die Muschel, die Schale

shelter

der Unterstand, der Schutz

shepherd

der Schäfer, die Schäferin

shield

der Schirm, der Schild, der Schutz

shield (v.)

schützen, abschirmen

shin

das Schienbein

ship

das Schiff

shipwreck

der Schiffbruch

shirt

das Hemd

shoe

der Schuh

shoelace

der Schnürsenkel

shore

das Ufer

short (adj.)

kurz

shorts

die Shorts, die kurze Hose

shoulder

die Schulter

shovel, spade

die Schaufel, der Spaten

shower

die Dusche

shred (v.) [paper, documents, fabric, waste]

schreddern, fetzen, zerfetzen, schnitzeln

shredder [paper, documents, fabric, waste]

der Schredder, der Papierwolf, der Reißwolf

shrimp

die Garnele

sideburns

die Koteletten (f. pl.)

sign

das Zeichen

sign

das Schild

sign (v.)

signieren, unterschreiben, unterzeichnen

signal

das Signal, die Nachricht

signature

die Unterschrift, die Signatur

silhouette

die Silhouette

sim card

die SIM-karte

sing (v.)

singen

sinister (adj.)

unheimlich, finster, sinister

sink, washbasin

das Spülbecken, das Waschbecken

sit (v.)

sitzen

skateboard

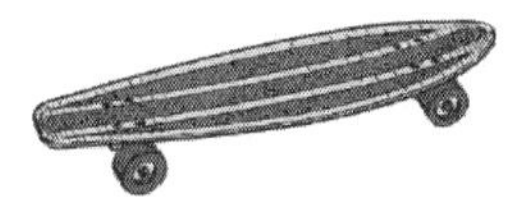

das Skateboard

skateboarder

der Skateboardfahrer, die Skateboardfahrerin

skeleton

das Skelett

sketch

die Skizze

skid

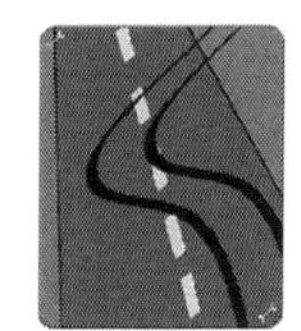

das Schleudern

skid (v.)

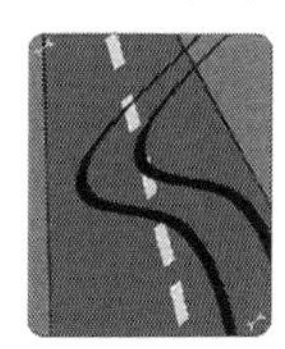

schleudern, rutschen

skinny, thin (adj.)

dünn

skirt

der Rock

skull

der Schädel

sky

der Himmel

skyscraper

der Wolkenkratzer

sleep

der Schlaf

sleeping bag

der Schlafsack

sleeve

der Ärmel

sleigh, sledge

der Schlitten, der Pferdeschlitten

slice

die Scheibe, die Schnitte

slice (v.)

schneiden

sling

die Schlinge

slip (v.)

rutschen

sloping, slanted (adj.)

schräg, geneigt, abfallend

slow (adj.)

langsam

small (adj.)

klein

smell (v.)

riechen

smile

das Lächeln

smoke

der Rauch

smoke (v.)

rauchen, qualmen

snack

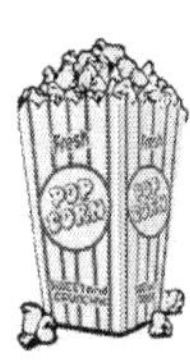

der Snack, der Imbiss, der Kleinigkeit

snail

die Schnecke

snake

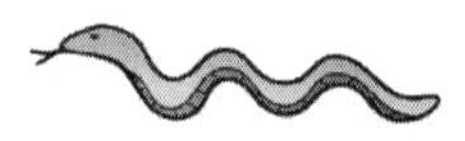

die Schlange

snip

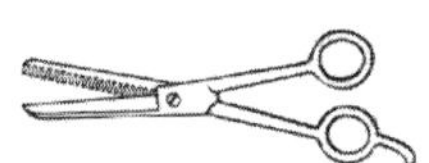

der Schnitt

snip (v.)

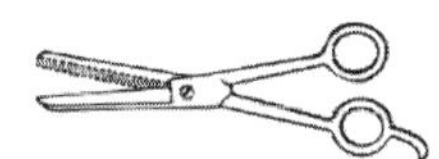

schnippeln, abschneiden

snorkelling

das Schnorcheln

snow

der Schnee

snowman

der Schneemann

soap

die Seife

soccer

der Fußball

soccer ball

der Fußball

(wall) socket, power point

die Steckdose

sock

die Socke

socks

die Socken (f. pl.)

soil

der Boden

solar power

die Sonnenkraft

sole

die Sohle

sole, only, single (adj.)

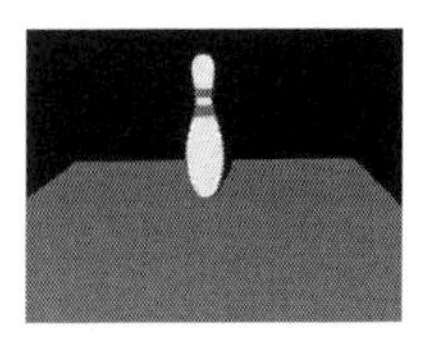

einzig, alleinig

south

der Süden

spade

der Spaten

spanner, wrench

der Schraubenschlüssel

spear

der Speer

spider

die Spinne

spin

der Drehung, der Dreh, der Drall

spin (v.)

treiben, spinnen, drehen

spinach

der Spinat

split

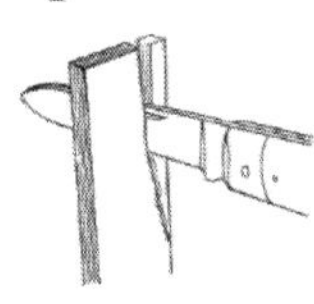

der Spalt

split (v.)

spalten

spoon

der Löffel

spotlight

der Scheinwerfer

spray

das Spray, der Gischt

spray (v.)

sprühen, spritzen, sprayen

Spring

der Frühling, das Frühjahr

sprout, shoot

der Spross, der Sprössling, der Schössling, der Trieb

sprout, shoot (v.)

sprießen, treiben

spy

der Spion, die Spionin

spy (v.)

spionieren, spitzeln

squash, crush, squeeze (v.)

quetschen, zerquetschen, zerdrücken

stack, pile

der Stapel

stadium

das Stadion

staircase, stairs

die Treppe

stalk

der Stiel

stalk (v.)

pirschen, sich anschleichen an

stamp

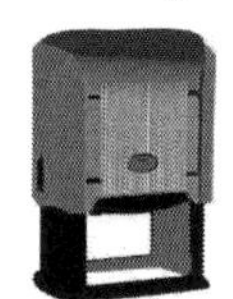

der Stempel

hat stand

der Hutständer

stapler

der Hefter

stare

der (starrer) Blick

stare (v.)

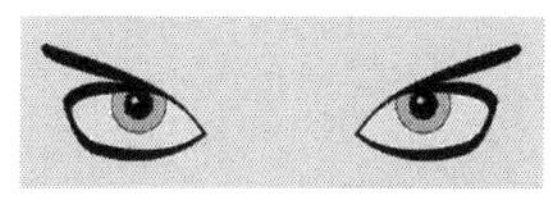

starren, stieren, glotzen

stationery

die Schreibwaren (pl.)

statue

die Statue

steam

der Dampf

steep (adj.)

steil

stem

der Stiel, der Stamm

stick

der Stock, der Zweig

walking stick, cane

der Spazierstock, der Rohrstock

sting (v.)

stechen

stink, stench

der Gestank

stink (v.)

stinken

stomach

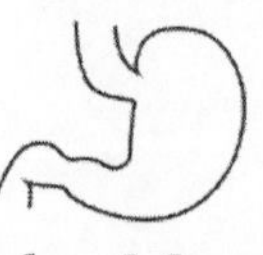

der Magen

stone

der Stein

stool

der Hocker

stop

die Haltestelle, der Halt, der Stopp

stop (v.)

stoppen, anhalten, aufhören

stove

der Herd

straight ahead (adv.)

geradeaus

(drinking) straw

der Trinkhalm, der Strohhalm

strawberry

die Erdbeere

stream

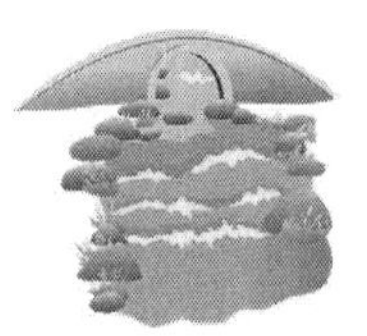

der Bach, das Flüsschen

street

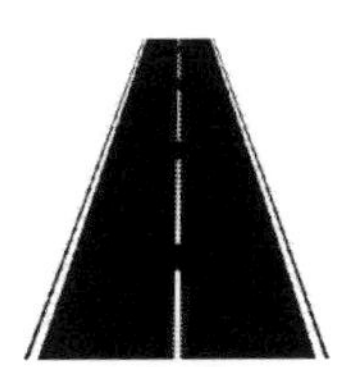

die Straße

strike (v.)

schlagen

striped (adj.)

gestreift

stuck, wedged, fastened, trapped, caught, ensnared (adj.)

stecken, festsitzen, eingekeilt, umgarnt

studious (adj.)

fleißig

stump

der Stumpf

submarine

das U-Boot

success

der Erfolg, das Gelingen

suck (v.)

saugen, lutschen

sugar

der Zucker

suit

der Anzug

suitcase

der Koffer

summer

der Sommer

sun

die Sonne

sunglasses

die Sonnenbrille

sunset

der Sonnenuntergang

surfer

der Surfer, die Surferin, der Wellenreiter, die Wellenreiterin

supermarket

der Supermarkt

surgeon

der Chirurg, die Chirurgin

surprise

die Überraschung

surprise (v.)

überraschen

swimmer

der Schwimmer, die Schwimmerin

swimming pool

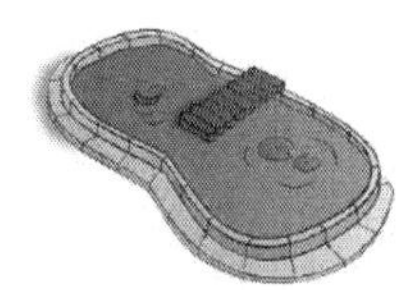

das Schwimmbad

swing

die Schaukel

swing (v.)

schaukeln, schwingen

switch

der Schalter

syringe

die Spritze

T…..

table

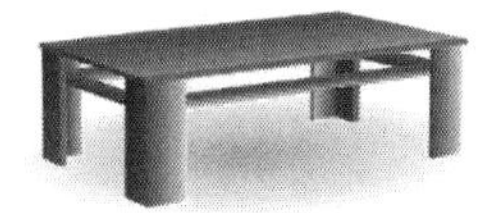

der Tisch

tablet

die Tablette

tail

der Schwanz

take-off (v.)

starten, abheben

armoured tank

der Panzerwagen

fish tank, aquarium

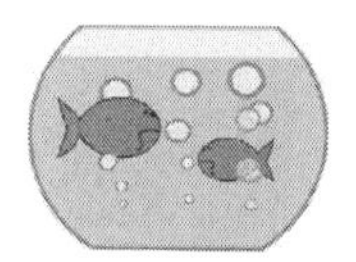

das Aquarium

tap

der Hahn

tape measure

das Maßband, das Bandmaß

target

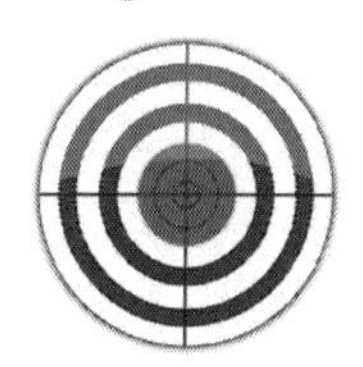

das Ziel, die Zielscheibe

taxi

das Taxi

tea

der Tee

teacher

der Lehrer, die Lehrerin

team

das Team, die Mannschaft, die Gruppe

teamwork

die Teamarbeit, die Gemeinschaftsarbeit

teapot

die Teekanne

tear

die Träne

tears

die Tränen (f. pl.)

teeth

das Gebiss

telephone

das Telefon

television

das Fernsehen

temple

der Tempel

tennis ball

der Tennisball

tennis court

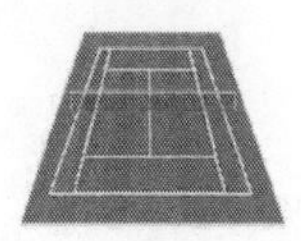

der Tennisplatz

tennis racket

der Tennisschläger

tent

das Zelt

test tube

das Reagenzglas

theatre

das Theater

thermometer

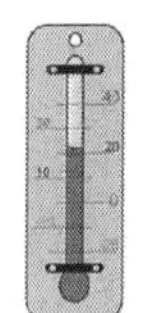

das Thermometer

thick (adj.)

dick, dicht, stark

thin (adj.)

dünn

thorn

der Dorn

thread

das Gewinde

thread

der Faden

throw

der Wurf

throw (v.)

werfen

thunderstorm

das Gewitter

ticket

das Ticket, die Fahrkarte, der Fahrschein, der Flugschein

tie

die Krawatte

tie, fasten (v.)

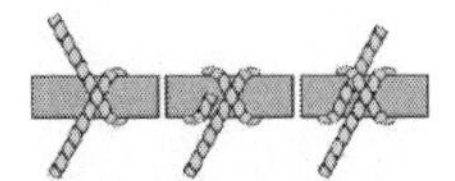

binden

tied, fastened (adj.)

gebunden

tier

die Etage, die Stufe

-tier (adj.)

-stöckig

tiger

der Tiger

timber

das Holz, das Bauholz

timer

die Schaltuhr, die Zeitschaltuhr

tip

die Spitze

tired, weary (adj.)

müde

tissue

das Papiertuch, das Papiertaschentuch

toaster

der Toaster

toddler

das Kleinkind

toe

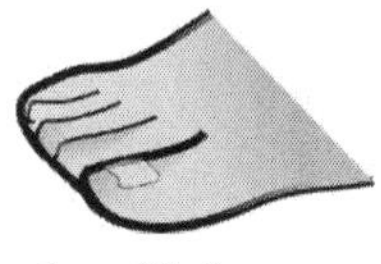

der Zeh

together (adv.)

zusammen

toilet

die Toilette

toilet paper

das Klopapier

tomato

die Tomate

tongue

die Zunge

toolbox

der Werkzeugkasten

tool

das Werkzeug

tools

die Werkzeuge (nt. pl.)

tooth

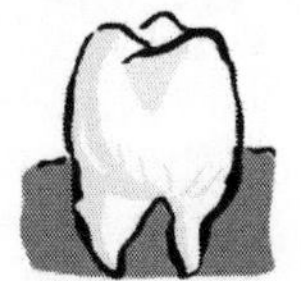

der Zahn

toothbrush

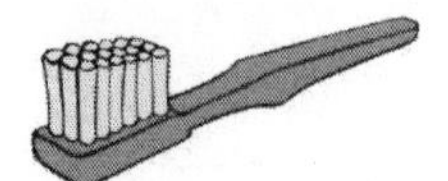

die Zahnbürste

toothpaste

die Zahnpasta

top

der Gipfel, die Spitze

torch

die Fackel

tornado

der Tornado

toss (v.)

werfen, wenden

tourist

der Tourist, die Touristin

towel

das Handtuch

tower

der Turm

toxic (adj.)

giftig, toxisch

track, trail

die Spur

railway track, railway line

das Eisenbahngleis, die Eisenbahnstrecke

tractor

die Zugmaschine

traffic light

die Ampel

trailer

der Anhänger

train

der Zug

train station

der Bahnhof

tram

die Straßenbahn

trap

die Falle

travel

die Reise

travel (v.)

reisen

tread

die Lauffläche, das Profil

tread (v.)

treten

treasure

der Schatz

tree

der Baum

palm tree

die Palme

trip, journey

der Trip, die Reise, die Fahrt, die Tour

trip (v.)

stolpern

trolley

der Wagen, der Einkaufswagen, der Gepäckwagen, der Handwagen

trophy

die Trophäe

truck

der Lastwagen, der Lastkraftwagen

tow truck

der Abschleppwagen

tube

die Tube

tuna

der Tunfisch, der Thunfisch

tunnel

der Tunnel

turkey

der Truthahn

turtle

die Schildkröte

twig

der Zweig

typewriter

die Schreibmaschine

tyre

der Reifen

U…..

ugly (adj.)

hässlich

umbrella

der Regenschirm

uncertain, unsure (adj.)

unsicher, ungewiss

unhappy (adj.)

unglücklich

uniform

die Uniform

university

die Universität

unlucky (adj.)

unglückselig, unglücklich

up (adv.)

nach oben, oben, hoch, auf

urban (adj.)

städtisch

V.....

vacuum cleaner

der Staubsauger

vampire

der Vampir

van

der Transporter, der Lieferwagen, der Kastenwagen

vase

die Vase

vault

das Gewölbe

vegetable

das Gemüse

vegetables

das Gemüse

vehicle

das Fahrzeug

veranda, porch

die Veranda

vine

die Rebe

virus

der Virus, das Virus

volcano

der Vulkan

vomit

das Erbrochene

vomit (v.)

erbrechen

vote

die Abstimmung, die Wahl, die Stimme

vote (v.)

wählen, stimmen, abstimmen

voyage

die Fahrt, die Reise, die Seereise

vulture

der Geier

W.....

waist

die Taille

waiter

der Kellner, der Ober

waitress

die Kellnerin

wall

die Wand

wallet

die Brieftasche

wand

der Zauberstab

war

der Krieg

warrior

der Krieger

warship

das Kriegsschiff

wash (v.)

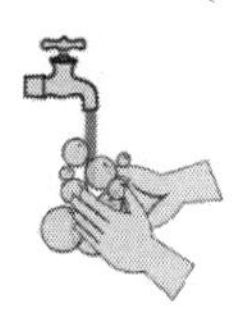

waschen, abwaschen, sich waschen, aufwaschen, spülen

washing, laundry

die Wäsche

washing machine

die Waschmaschine

waste

die Abfallstoffe (m. pl.), der Abfall, die Verschwendung

waste (v.)

verschwenden, vergeuden, vertun

watch

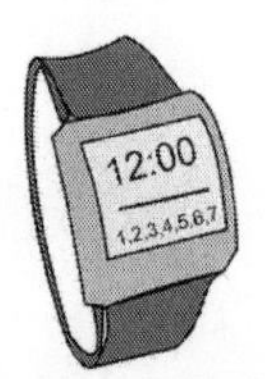

die Uhr, die Armbanduhr

watch (v.)

beobachten

watchful (adj.)

wachsam

water

das Wasser

water (v.)

wässern, gießen, begießen

waterfall

der Wasserfall

watering can

die Gießkanne

watermelon

die Wassermelone

wave (v.)

winken

wave

die Welle

waves

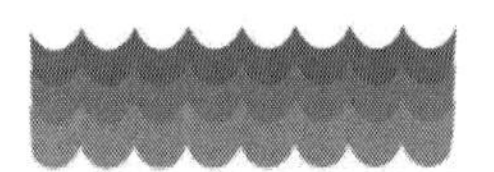

die Wellen (f. pl.), der Wellengang

weak (adj.)

schwach

weapon

die Waffe

web

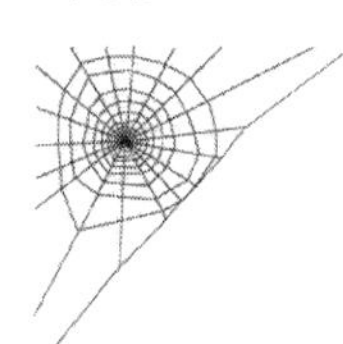

das Netz, das Gewebe

wedding

die Hochzeit

well

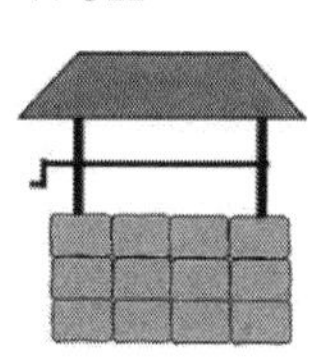

der Brunnen

west

der Westen

wet (adj.)

nass

whale

der Wal

wheel

das Rad

steering wheel

das Lenkrad

wheelbarrow

die Schubkarre, der Schubkarren

wheelchair

der Rollstuhl

whiskers

die Schnurrhaare (pl.)

whistle

die Pfeife

wild (adj.)

wild

wind

der Wind

winding, windy (adj.)

gewunden, kurvenreich

windmill

die Windmühle

window

das Fenster

windowsill

die Fensterbank

wine

der Wein

wing

der Flügel

winter

der Winter

wire

der Draht

wise (adj.)

weise

witch, sorceress

die Hexe

wizard, sorcerer

der Zauberer

woman

die Frau

wonder

das Wunder

wool

die Wolle

work

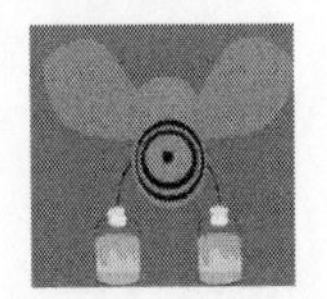

die Arbeit

work (v.)

arbeiten

worker

der Arbeiter, die Arbeiterin

world

die Welt

worm

der Wurm

worn (adj.)

abgenutzt, abgetragen

worry

die Sorge

worry (v.)

sich sorgen, beunruhigen

wound

die Wunde

wreck, wreckage

das Wrack

wrench, adjustable wrench, adjustable spanner, shifter

der verstellbare Schraubenschlüssel, der Engländer, der Rollgabelschlüssel

wrist

das Handgelenk

write (v.)

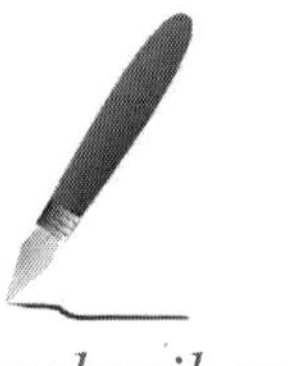

schreiben

X.....

X-ray

der Röntgenstrahl

Y…..

yacht, sailing boat

die Yacht, das Segelboot

yawn

das Gähnen

yawn (v.)

gähnen

yoga

das Yoga

young (adj.)

jung

Z…..

zipper, zip

der Reißverschluss

zoo

der Zoo

Printed in Great Britain
by Amazon